A Cada Paso

LENGUA, LECTURA y CULTURA

Conrad J. Schmitt

WASHINGTON INTERNATIONAL SCHOOL
2735 OLIVE ST., N. W.
WASHINGTON, D. C. _ 20007

Webster Division, McGraw-Hill Book Company

New York · St. Louis · San Francisco · Auckland · Bogotá
Düsseldorf · Johannesburg · London · Madrid · Mexico
Montreal · New Delhi · Panama · Paris · São Paulo
Singapore · Sydney · Tokyo · Toronto

Editor: Joan Saslow
Editing Supervisor: Alice Jaggard
Design Supervision and Cover Design: Lisa Delgado Pagani
Photo Editor: Rosemary O'Connell
Production Supervisor: Karen Romano

Copy Editing: Suzanne Shetler
Text Design: Graphic Arts International
                  Ben Arrington
Illustrations: Katrina Taylor

Photo Credits

Pages 2, 3, 9: Leonard Nadel/McGraw-Hill; 3, 7, 66, 102, 105: Ginger Chih; 5, 16, 71, 123: Hugh Rogers/Monkmeyer; 13: Fredrik D. Bodin/Stock, Boston; 14: Tom Carew/Monkmeyer; 15, 17, 29, 76, 77, 78, 81: Robert Capece; 24, 25, 42 (bottom), 77: Freda Leinwand/Monkmeyer; 28: Louise Jefferson/Monkmeyer; 32, 33: Michal Heron/Monkmeyer; 33: Hilda Bijur/Monkmeyer; 36, 37: Jim Cron; 38, 39: National Oceanic and Atmospheric Administration; 41, 69, 70, 123: Mimi Forsyth/Monkmeyer; 42 (top): Freda Leinwand/McGraw-Hill; 45: Ruth Block/Monkmeyer; 53: Alain Keler/Editorial Photocolor Archives; 59: Richard Nowitz; 63: Adam Woolfitt/Woodfin Camp; 85, 87, 95: New York City Fire Department; 87 (top): Jerry Shrader/Stock, Boston; 104: Amtrak; 108: Business Week; 109: TWA; 110, 111, 113: United States Postal Service; 117: Department of Sanitation, New York City; 123: Jan Lukas/Photo Researchers; 123: Sybil Shackman/Monkmeyer. Cover: Pedro A. Noa

Library of Congress Cataloging in Publication Data

Schmitt, Conrad J.
  A cada paso.

  SUMMARY: Elementary school texts for Spanish speakers in bilingual programs, which provide Spanish language development and basic social studies concepts.
    1. Spanish language—Grammar—1950–   —Juvenile literature. [1. Spanish language—Grammar] I. Title.
  PC4112.S338   468'.6'421   77-9635
  ISBN 0-07-055492-7

PASOS

iii

About the Author

Conrad J. Schmitt is Editor in Chief of foreign language publishing with McGraw-Hill Book Company. He is the author of the *Let's Speak Spanish* series, *Español: Comencemos,* and *Español: Sigamos* and the coauthor of *Español: A Descubrirlo, Español: A Sentirlo,* and *La Fuente Hispana.* Mr. Schmitt has taught at all levels of instruction and has taught methods of teaching foreign languages.

The Consultants

The author is deeply indebted to the following people for their assistance in the development of the original manuscript.

Ms. Lidia Calonge: Director, Title VII, Harlandale Independent School District, San Antonio, Texas

Mr. John Duvanich: Curriculum Coordinator, San Ysidro Public Schools, San Ysidro, California

Ms. Nilda Ugarte: Teacher of Spanish, Hackensack Public Schools, Hackensack, New Jersey

Ms. Marta Urioste: Coordinator of Bilingual Education, Denver Public Schools, Denver, Colorado

 # Mi casa

Es mi casa.
Mi casa no es muy grande.
Mi casa no es muy pequeña.
Mi casa es de madera.
Mi casa tiene seis cuartos.
Tiene sala.
Tiene cocina.
Tiene tres recámaras (cuartos).
Tiene también un cuarto de baño.

...

Escoge.

1. La casa tiene muchos cuartos.
   - **a.** La casa es muy pequeña.
   - **b.** La casa es muy grande.

2. La casa tiene seis cuartos.
   - **a.** Tiene sala, comedor, cocina y tres recámaras.
   - **b.** Tiene sala, cocina y dos recámaras.

Mi casa no es muy pequeña.

Mi casa no es muy grande.

 # Mi apartamento

Es mi apartamento (departamento).
Mi apartamento no es muy grande.
Mi apartamento es pequeño.
Tiene cocina.
Tiene sala.
Tiene dos recámaras (cuartos).
Tiene también un cuarto de baño.
Mi apartamento está en el tercer piso.
Subo la escalera.
Voy a mi apartamento.

4
...

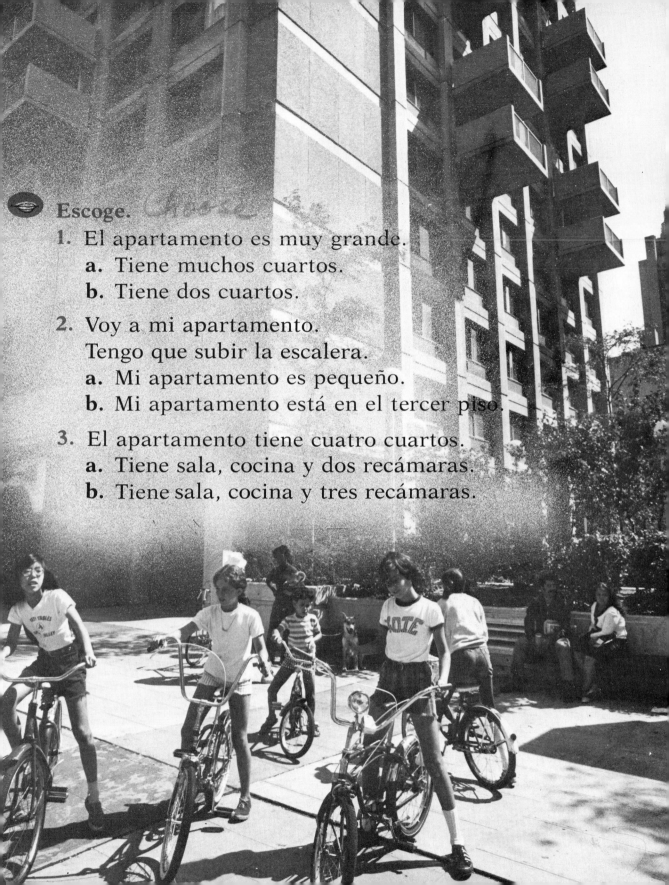

Escoge.

1. El apartamento es muy grande.
   a. Tiene muchos cuartos.
   b. Tiene dos cuartos.

2. Voy a mi apartamento.
   Tengo que subir la escalera.
   a. Mi apartamento es pequeño.
   b. Mi apartamento está en el tercer piso.

3. El apartamento tiene cuatro cuartos.
   a. Tiene sala, cocina y dos recámaras.
   b. Tiene sala, cocina y tres recámaras.

 # La cocina

Es la cocina.
Preparamos la comida en la cocina.
Comemos en la cocina.
¿Qué comemos?
Esta noche comemos enchiladas.
Abuelita las prepara.
No comemos enchiladas todas las noches.
Pero las de Abuelita, nos las comemos todas.
Están muy buenas.

Completa.
1. Preparamos la comida en la _____.
2. Comemos en la _____.
3. Nosotros _____ enchiladas.
4. Abuelita _____ las enchiladas en la cocina.

Preparamos la comida en la cocina.

La cocina

Es la cocina.
Preparamos la comida en la cocina.
Comemos en la cocina.
¿Qué comemos?
Esta noche comemos pollo y tostones.
Comemos también arroz con frijoles negros.
Es una comida muy buena.

Completa.
1. Preparamos la comida en la _____.
2. Comemos en la _____.
3. Nosotros _____ pollo.
4. Comemos también arroz con _____ negros.

Trabajamos juntos en la cocina.

 # El desayuno

El desayuno es una comida.
El desayuno es una comida importante.
Tomo el desayuno por la mañana.
Si no tomo el desayuno, tengo hambre.
Si tengo hambre, no puedo trabajar.
Yo tengo que trabajar en la escuela.

 Sí o no.

1. Tomamos el desayuno por la tarde.
2. El desayuno es una comida importante.
3. Si tomo el desayuno, tengo hambre.

Mi recámara (cuarto)

Es mi recámara (cuarto).
Yo duermo en la recámara (cuarto).
Duermo en la cama.
Tengo que dormir diez horas.
Si no duermo, tengo sueño.
Si tengo sueño, no puedo trabajar.
No puedo tener sueño.
Tengo que trabajar en la escuela.
Yo trabajo mucho en la escuela.
Aprendo mucho.
Aprendo a leer y a escribir.

12

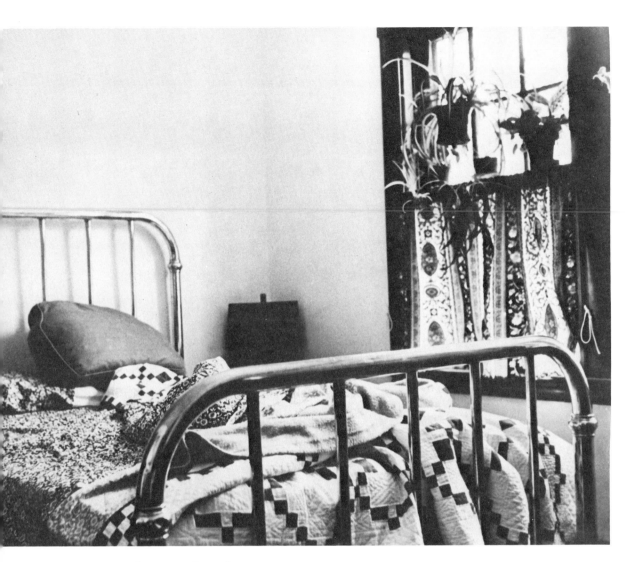

Tengo que dormir diez horas.

Duermo bien en mi cama.

 A. Dime:
   1. dónde tú duermes.
   2. dónde está tu cama.
   3. dónde aprendes mucho.

El desayuno es una comida importante.

B. Escoge.

1. Yo _____ en mi recámara (cuarto).

   a. duermo

   b. como

   c. tomo el desayuno

¿Dónde están estos niños?

2. Aprendo a _____ en la escuela.
   a. comer
   b. leer
   c. tener sueño

3. Si no duermo, tengo _____.
   a. hambre
   b. sueño
   c. trabajo

Y este niño, ¿Cómo está?

4. Si no tomo el desayuno, tengo ———.
   a. hambre
   b. sueño
   c. trabajo

La hora

Es la una.

Son las dos.

Son las tres.

Son las cuatro.

Son las cinco.

Son las seis.

Son las siete.

Son las ocho.

Son las nueve.

Son las diez.

Son las once.

Son las doce.

Es la una y media.

Son las tres y media.

Son las cinco y media.

Son las siete y media.

Son las nueve y media.

Son las once y media.

Mi día

Yo me levanto a las siete de la mañana.
Yo tomo el desayuno a las siete y media.
Yo voy a la escuela a las ocho.
Las clases comienzan a las ocho y media.
Yo paso el día en la escuela.
Salgo de la escuela a las tres.
Yo juego por la tarde.
Juego con mis amigos.
Yo como a las seis.
Yo me acuesto a las nueve.

Dime a qué hora:
1. vas a la escuela.
2. te levantas.
3. tomas el desayuno.
4. te acuestas.
5. las clases comienzan.

👁 Ortografía

ba	be	bi	bo	bu
va	ve	vi	vo	vu

b	v
baño	va
bebe	vaca
bonito	vaso
lobo	lava
bueno	ve
	vive

👄 Anita se lava la cara en el baño.
El lobo ve a la vaca.
Veo el vaso en la mesa.
El vaso es bonito.
El lobo bebe agua.
Vivo en _____ .

¿Qué hacemos en la escuela?

Completa.

1. _i_o en una casa de madera.
2. El _aso está en la mesa.
3. La casa es _onita.
4. El lo_o _e_e mucha agua.
5. El lo_o es un animal.
6. La _aca da leche.
7. Yo me la_o la cara en el cuarto de baño.
8. La comida está _uena.

a

de

Papá llega a casa.

Mamá sale de casa.

El niño va a la escuela.
La niña sale de la escuela.

El niño sale de casa.

 **Di lo que hacen el niño y la niña.**

a

en

El niño va a la escuela.

La niña está en la escuela.

La familia va a casa.
La familia está en casa.

Pongo el vaso en la mesa.
Pongo el libro en la silla.

El vaso está en la mesa.
El libro está en la silla.

A. ¿Dónde está el niño?

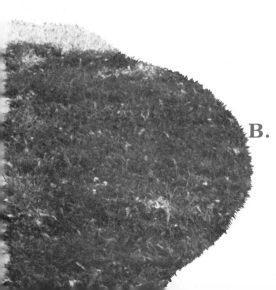

B. ¿Adónde van los niños?

33

El cielo

Cielo mío
¡Cómo me gustas!
¡Qué lindo es tu color azul!

Por la mañana
cuando yo me levanto
en ti se levanta el sol.

Y cuando se pone el sol
se levanta la luna.
A nosotros en la tierra
Tú siempre nos das luz.

34

No me gusta
cuando las nubes te tapan.
Entonces no veo el sol.
No veo la luna.
No veo las estrellas.

Pero cuando las nubes te tapan
yo sé que va a llover.
Y las plantas se ponen alegres.
Ellas también quieren beber.
¿Y qué beben?
El agua que cae de ti.
La lluvia.

Escoge.

1. ¿De qué color es el cielo?
   - **a.** rojo
   - **b.** azul
   - **c.** blanco

2. ¿Cuándo se levanta el sol?
   - **a.** por la mañana
   - **b.** por la tarde
   - **c.** por la noche

3. ¿Qué cae del cielo?
   - **a.** el sol
   - **b.** la luna
   - **c.** la lluvia

¿Cuándo se pone el sol?

4. ¿Qué tapa el cielo?
   a. la lluvia
   b. las nubes
   c. la tierra

5. ¿Dónde vivimos?
   a. en el cielo
   b. en la tierra
   c. en la luna

¿Qué tapa el cielo?

39

alegre

triste

Nosotros tenemos *emociones*. A veces estamos tristes. A veces estamos alegres. La tristeza es una *emoción*. La alegría es otra *emoción*. Mira las fotografías. Dile a la maestra si el niño o la niña está alegre o triste.

Dile a la maestra cuándo tú estás alegre.

   ¿Estás alegre en una fiesta?

   Si la maestra te dice que eres bueno(a), ¿estás
   alegre?

   ¿Estás alegre cuando estás con tus amigos?

¿Cómo muestras que estás alegre?

   ¿Tienes una sonrisa?

   ¿Te ríes?

Dile a la maestra cuándo estás triste.

   ¿Estás triste si rompes un juguete?

   ¿Estás triste si tu mamá está enferma?

¿Cómo muestras que estás triste?

   ¿Tienes una cara triste?

   ¿Se te salen las lágrimas?

   ¿Lloras?

 # En el jardín zoológico

Papá nos dice: Hoy es domingo.
Vamos al jardín zoológico.
Estamos muy contentos.
Queremos ver a los animales.
Nos gustan los animales.

44

¿Qué animal mira la niña?

Allí hay un elefante.
¡Qué grande es!
¡Y qué trompa más larga tiene!
El elefante quiere comer.
Yo le doy de comer.
Yo le doy cacahuates (maní).

Vemos otra jaula.

¿Quién vive en la jaula?

Una mona.

En la jaula hay un árbol.

La mona salta y salta.

Salta de una rama a otra.

La mona me mira.

Quiere comer.

Papá me da una banana (un plátano, un guineo).

Yo le doy la banana a la mona.

La mona se la come toda.

Y luego salta y salta.

La mona es muy cómica.

La mona me hace reír.

A. ¿Qué es?

1. un animal muy grande
2. un animal cómico
3. lo que come un elefante
4. lo que come una mona

B. Completa.

1. Un árbol tiene _____.
   a. ramas
   b. estrellas
   c. animales

2. Hay muchos animales en _____.
   a. el cielo
   b. la casa
   c. el jardín zoológico

3. La mona tiene hambre. Quiere _____.
   a. comer
   b. beber
   c. dormir

4. La mona es cómica. Me hace _____.
   a. llorar
   b. reír
   c. llover

C. Completa.

1. _amos al jardín zoológico.
2. _emos una jaula.
3. La mona _i_e en la jaula.
4. Yo le doy una _anana a la mona.

arriba

abajo

El señor va para arriba.
La señora viene para abajo.

¿Dónde está el gato?   Arriba.
¿Dónde está el ratón?   Abajo.

A. ¿Qué animal está arriba?

B. ¿Qué animal está abajo?

encima de

debajo de

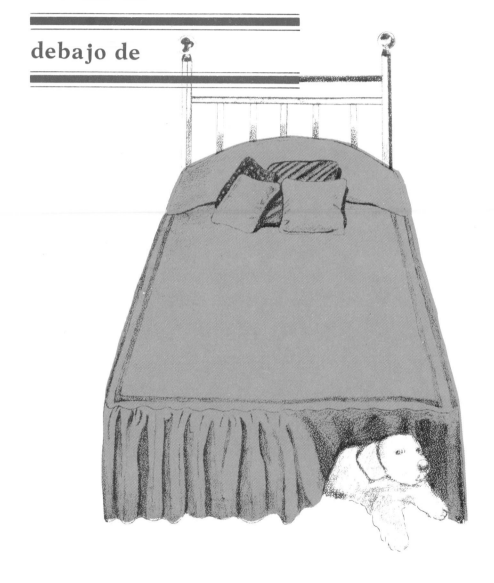

El perro está debajo de la cama.

El perro está encima de la cama.

El lápiz está debajo del libro.
El lápiz está encima del libro.

Ortografía

sa	se	si	so	su
za	ce	ci	zo	zu

z, c	s
taza	sala
zapato	mesa
plaza	seda
pozo	sopa
cena	oso
centro	
cocina	
cinco	

La plaza está en el centro.
La mesa está en la cocina.
Hay cinco tazas en la mesa.
El pozo está en la plaza.

Completa.

1. La ta_a está en la me_a.
2. Sale agua del po_o.
3. Preparamos la _ena en la co_ina.
4. El o_o es un animal.
5. La ca_a tiene _ala.
6. El lápiz está en_ima de la me_a.
7. Vamos al jardín _oológico.
8. Las nubes tapan el _ielo.
9. La mona _alta de una rama a otra.

La plaza está en el centro.

Oraciones

La niña juega en el parque.
El niño vive en la ciudad.

Éstas son *oraciones*.   Una *oración* nos dice algo.
Nos da *información*.   ¿Qué nos dice la primera
oración? ¿Qué nos dice la segunda oración?

Vamos a mirar las dos oraciones de nuevo.

La niña juega en el parque.
El niño vive en la ciudad.

La niña juega en el parque.

¿Cómo es la letra que empieza la oración? ¿Es grande o pequeña? Una letra grande se llama una letra *mayúscula*. Una oración siempre empieza con una letra *mayúscula*.

¿Qué hay al final de cada oración? Hay un *punto*. Una oración termina con un punto.

Vamos a formar oraciones. Contesta a las preguntas.
1. ¿Qué hace Juan en casa?
2. ¿Qué hace Anita en el parque?
3. ¿Qué haces tú en casa?
4. ¿Qué haces tú en el parque?

La hora

Es la una
y cuarto.

Son las dos
y cuarto.

Son las tres
y cuarto.

Son las cuatro
y cuarto.

Son las cinco
y cuarto.

Son las seis
y cuarto.

Son las siete
y cuarto.

Son las ocho
y cuarto.

Son las nueve
y cuarto.

Son las diez
y cuarto.

Son las once
y cuarto.

Son las doce
y cuarto.

Una agente de policía

La mamá de Olivia González es policía. El trabajo de la señora González es muy importante.

Ella sale de casa por la mañana. Trabaja en una ciudad. Ella vigila las calles. Quiere que todos se comporten bien. Ella nos protege en las calles de la ciudad.

Algunos días, ella dirige el tráfico. Ve que mucha gente espera. La gente espera en la acera. Ella hace parar el tráfico. Luego la gente puede cruzar la calle.

La señora González y todos los policías nos ayudan mucho. Si nos perdemos, ellos nos dicen adonde tenemos que ir. Nos dan direcciones.

Cuando hay una emergencia, allí está la señora González. Es nuestra amiga.

Esta amiga nos protege.   ¿Quién es?

A. Escoge.

1. El policía nos dice adonde tenemos que ir. Nos da _____.
   - **a.** direcciones
   - **b.** tráfico
   - **c.** trabajo

2. No podemos cruzar la calle. Esperamos en _____.
   - **a.** la calle
   - **b.** la acera
   - **c.** el tráfico

3. Podemos cruzar la calle. El policía _____.
   - **a.** hace parar el tráfico
   - **b.** deja pasar el tráfico
   - **c.** nos hace esperar

B. Completa.

1. Es Oli_ia González.
2. La agente de policía _igila las calles.
3. Ella tra_aja en la ciudad.
4. Ella _e que mucha gente espera.

C. Completa.

1. La gente espera en la a_era.
2. La gente cru_a la calle.
3. Es la _eñora Gon_ález.
4. Ella trabaja en la _iudad.

Un niño se perdió

Un día, Juanito fue al parque. Quería
jugar con sus amigos. Cuando llegó al parque,
sus amigos no estaban. Pero Juanito no
quería volver a casa. Empezó a andar por las
sendas del parque. Había muchos árboles.
Juanito vio una rana. La rana lo oyó. Saltó
hacia un lago. Juanito fue a seguir a la rana.
Llegó al lago. Pero no vio a la rana.

Se hacía muy tarde. Juanito quería volver a casa. Tenía mucho miedo. Buscó y buscó. No pudo hallar la salida del parque. Oyó un ruido. Había alguien entre los árboles. Quería esconderse. Quería correr. Luego oyó una voz.

—Niño, ¿qué haces aquí? Ven acá. Te quiero hablar.

Juanito vio que era un policía.

El policía le preguntó: —Niño, ¿cómo te llamas?

—Me llamo Juanito Gómez.

—¿Y dónde vives?

—Vivo en la calle Main, número 2.

El policía lo llevó a casa. Su madre estaba muy contenta. Su padre estaba muy contento.

Juanito era un niño bueno. Sabía su nombre. Sabía donde vivía. El policía lo pudo ayudar.

¿Cómo le ayudó el policía al niño?

Contesta.

1. ¿Cómo se llama el niño?
2. ¿Adónde fue el niño un día?
3. ¿Quiénes no estaban en el parque?
4. ¿Volvió a casa Juanito?
5. ¿Qué vio en el parque?
6. ¿Hacia dónde saltó la rana?
7. ¿Era muy temprano?
8. ¿Adónde quería volver Juanito?
9. ¿Qué no pudo hallar Juanito?
10. ¿Tenía miedo?
11. ¿Oyó un ruido Juanito?
12. ¿Quería correr?
13. ¿De quién era la voz?
14. ¿Qué le preguntó el policía?
15. ¿Sabía Juanito dónde vivía?
16. ¿Cómo ayudó el policía a Juanito?
17. ¿Sabes dónde vives?
18. ¿Dónde vives?

---

derecha

---

izquierda

El libro está en la mesa.
El lápiz está en la mesa.
El libro está a la derecha.
El lápiz está a la izquierda.

María dobla la esquina.
Dobla a la derecha.

Carlos dobla la esquina.
Dobla a la izquierda.

A. Mira a la derecha.
B. Mira a la izquierda.

¡Ten cuidado cuando cruzas la calle!

En la calle

María va a cruzar la calle.   Primero
mira a la izquierda.   Luego mira a la derecha.
Si no hay carros, María puede cruzar la calle.

 # Siguiendo direcciones

Sal de la escuela. Ve a la esquina de tu izquierda. Dobla a la izquierda. Camina una cuadra. Luego dobla a la derecha.

Los amigos

Todos queremos tener amigos. Necesitamos amigos. Los amigos son importantes.

Podemos hablar con nuestros amigos. Podemos decirles si no estamos contentos. Nuestros amigos nos pueden ayudar. Ellos nos pueden dar *consejos*. Nos pueden decir lo que debemos hacer. Sabemos que ellos nos dicen la verdad.

También podemos divertirnos con nuestros amigos. Podemos jugar con ellos.

Tenemos que tratar bien a nuestros amigos. No hay nada como un buen amigo.

Contesta.
1. ¿Tienes amigos?
2. ¿Quiénes son tus amigos?
3. ¿Juegas con tus amigos?

Podemos divertirnos con nuestros amigos.

No hay nada como un buen amigo.

¿Qué hacen estos amigos?

detrás de

delante de

El árbol está delante de la casa.

El árbol está detrás de la casa.

Los niños están en fila.
María está delante de Paco.
Paco está detrás de María.

 **A. ¿Quién está detrás de María?**

B. ¿Quién está delante de Paco?

antes

después

Juanito se lava las manos.
Se lava las manos antes de comer.

74

Carmen se cepilla los dientes.
Se cepilla los dientes después de comer.

 A. ¿Cuándo te lavas las manos?
B. ¿Cuándo te cepillas los dientes?

 # El supermercado

El señor Sánchez va de compras. Tiene que comprar comida para la familia. ¿Adónde va el señor Sánchez? Él va al supermercado.

El supermercado tiene muchas secciones. El señor Sánchez empuja un carrito de una sección a otra. En cada sección se venden productos diferentes.

El supermercado tiene muchas secciones.

Primero el señor Sánchez va a la cremería. Compra leche. La leche es muy buena para la salud de los niños. También compra mantequilla.

En otro pasillo hay vegetales y frutas. ¿Qué necesita el señor Sánchez? Ay, sí. Necesita lechuga y tomates. Esta noche la familia va a comer ensalada.

¿Dónde estamos?

¿Va a comprar papas? No, no va a comprar papas. Va a comprar arroz.

El señor Sánchez empuja el carrito a otro pasillo. Allí está el arroz. Él compra un saco de arroz. También quiere frijoles. Los compra en lata.

Luego, el señor Sánchez va a las carnes. Allí compra un pollo.

¿Tiene todo lo que está en la lista? Leche, sí. Mantequilla, sí. Lechuga y tomates, sí. Arroz, sí. Frijoles, sí. Pollo, sí. No le hace falta nada más.

El señor Sánchez va a la caja. La empleada pone todo en un saco (una bolsa) de papel. El señor Sánchez paga. Luego sale del supermercado.

A. Contesta.
1. ¿Dónde hace sus compras el señor Sánchez?
2. ¿Qué compra el señor Sánchez en el supermercado?
3. ¿Por qué compra leche el señor Sánchez?
4. ¿Para qué son los tomates y la lechuga?
5. ¿En qué viene el arroz?
6. ¿En qué vienen los frijoles?
7. ¿Dónde paga el señor Sánchez?

B. Tenemos que ir al supermercado. Antes de ir tenemos que saber lo que vamos a comer.
1. ¿Qué vamos a comer en el desayuno?
2. ¿Qué vamos a comer en el almuerzo?
3. ¿Qué vamos a comer en la cena?

C. Vas a preparar una lista. En la lista, pon todo lo que vas a comprar en el supermercado.

 # Responsabilidades

Todos tenemos *responsabilidades*. Una *responsabilidad* es algo que debemos hacer. Lo debemos hacer para nosotros mismos. Lo debemos hacer para alguien en la familia. Lo debemos hacer para un amigo.

Un día Ángela y Luis salen de la escuela. Vuelven a casa. Quieren jugar con sus amigos. Pero mamá no se siente bien. Necesita algo del supermercado. Quiere que Ángela y Luis vayan al supermercado.

¿Qué hacen estos niños?

👄 **Contesta.**
1. ¿Deben jugar con sus amigos Ángela y Luis?
2. ¿Deben ir al supermercado?
3. Si juegan con sus amigos, ¿ayudan a su mamá?
4. ¿Cuál es la responsabilidad que tienen Ángela y Luis?

Los sentidos

Yo veo con los ojos.
Yo oigo con los oídos.
Yo huelo con la nariz.
Yo gusto con la lengua.
Yo toco con las manos.

Los cinco sentidos son:
    la vista
    el oído
    el olfato
    el gusto
    el tacto

Ortografía

ca   que   qui   co   cu

camisa	queso
casa	quema
cocina	quita
cola	aquí
cubano	
cuna	

Paco se quita la camisa.
Quita el carro de aquí.
La casa tiene cocina.
Carmen come queso.

Completa.

1. _ta la lata de la mesa.
2. El niño _me ensalada.
3. El bebé duerme en la _na.
4. La _sa tiene cocina.
5. La _mida está en la mesa.
6. La va_ da leche.
7. El árbol tiene un tron_ grande.
8. Jugamos en el par_.
9. No está a la derecha. Está a la iz_erda.
10. María dobla la es_na.

Letras mayúsculas

Ya sabemos que una oración empieza con una letra mayúscula. ¿Cuáles son otras palabras que empiezan con una letra mayúscula?

El nombre de una persona siempre empieza con una letra mayúscula.

Escribe:
1. el nombre de tu primo.
2. el nombre de tu prima.
3. tu propio nombre.
4. el nombre de un amigo.
5. el nombre de una amiga.
6. el nombre de tu maestra.

Un incendio

Una casa está ardiendo. Las llamas salen del techo. El humo sale de las ventanas.

La alarma de incendio suena. Se oye una sirena. Es la sirena de los bomberos. Los bomberos llegan pronto.

—¿Hay gente en la casa?— pregunta un bombero.

—No, no hay nadie. Todos han salido sanos y salvos.

Los bomberos sacan las mangueras. El agua sale de las mangueras. El agua empieza a apagar el fuego.

Pero las llamas siguen saliendo del techo. Dos bomberos suben una escalera portátil.

Viene corriendo un niño.

Grita: —¡Ay, yo vi un gatito en la ventana de la casa!

Un bombero se pone una máscara y un tanque de aire. Él entra la casa. Busca al gatito. Oye «¡miau, miau!»

Un minuto después, sale con el gatito. El gatito está salvo y sano.

El trabajo de los bomberos es peligroso. Ellos tienen que trabajar muy rápido. Tienen que apagar los fuegos con prisa.

Los bomberos les salvan la vida a muchas personas. Y también le salvan la vida a un gatito o a un perrito.

¿Es fácil el trabajo de los bomberos?

Escoge.

1. ¿Qué suena?
   a. el incendio
   b. la alarma de incendio
   c. el bombero

2. ¿Qué se oye?
   a. las llamas
   b. la sirena
   c. el fuego

3. ¿Qué hacen los bomberos?
   a. Apagan el fuego.
   b. Oyen la sirena.
   c. Dirigen el tráfico.

4. ¿De dónde sale el agua?
   a. de los bomberos
   b. del techo
   c. de las mangueras

5. ¿Qué suben los bomberos?
   a. el techo de la casa
   b. una escalera portátil
   c. el humo

El oxígeno y el aire

El oxígeno es una parte del aire. Es un *gas*. ¿Podemos ver el aire? No, no lo podemos ver. Es *invisible*. El aire contiene oxígeno. El oxígeno es también *invisible*. El aire no tiene sabor. No tiene olor. No tiene color. El oxígeno tampoco tiene sabor. Tampoco tiene olor. Tampoco tiene color. Pero el oxígeno es muy importante.

Sí o no.
1. El oxígeno es una parte del aire.
2. Podemos ver el aire.
3. Si algo se puede ver, es invisible.
4. Podemos gustar el oxígeno.
5. Podemos oler el oxígeno.
6. El oxígeno es importante.

El oxígeno y la respiración

Nosotros respiramos. Respiramos aire. ¿Por qué respiramos? Porque nuestro cuerpo necesita oxígeno. Y el oxígeno está en el aire. No podemos vivir si no respiramos. En un solo minuto, respiramos muchas veces.

¿Cómo respiramos? Tomamos aire por la nariz y la boca. *Inhalamos* por la nariz y la boca. Ya sabemos que el aire contiene oxígeno. El aire viaja a los pulmones cuando inhalamos. Allí, los pulmones sacan el oxígeno del aire. Nuestro cuerpo usa el oxígeno para vivir. El aire que queda sale por la nariz y la boca. *Exhalamos* por la nariz y la boca.

Para respirar, *inhalamos* y *exhalamos* aire por la nariz y la boca.

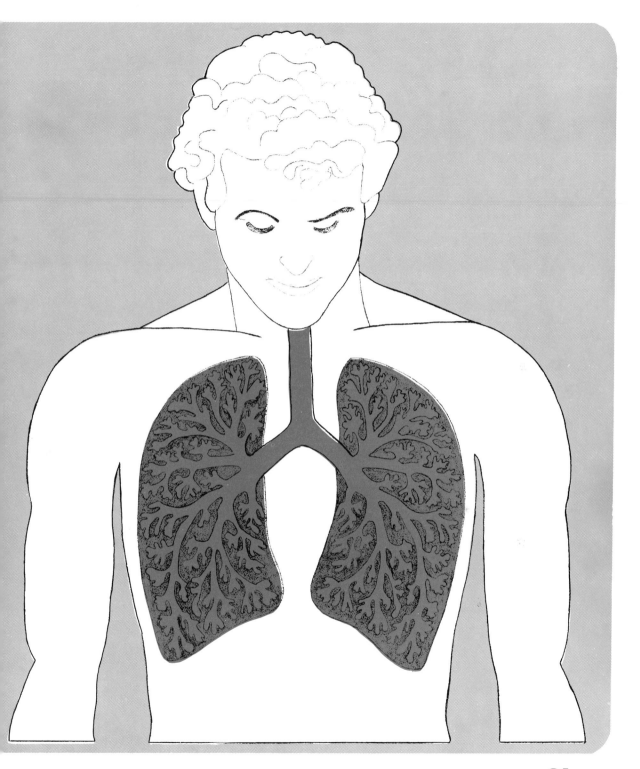

Completa.

1. Nosotros necesitamos _____.
2. Necesitamos oxígeno para _____.
3. El oxígeno está en el _____.
4. Recibimos oxígeno cuando _____.
5. Tomamos aire por la _____ y la _____.
6. El aire va a los _____.
7. Los pulmones _____ el oxígeno del aire.
8. Cuando respiramos, inhalamos y _____ aire.

No queremos respirar aire sucio.

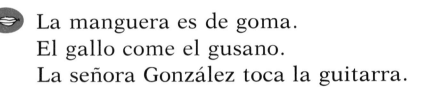 Ortografía

ga   gue   gui   go   gu

gallo   **guisante**
gas   **guitarra**
goma   **manguera**
Gómez
gusano
apaga
fuego

La manguera es de goma.
El gallo come el gusano.
La señora González toca la guitarra.

Completa.
1. Yo ten_ un ami_. Es Juan.
2. Yo ten_ una ami_. Es María.
3. Papá lle_ a casa.
4. Carlos jue_ en el parque.
5. La señora Sánchez pa_ en la caja.
6. Hay lechu_ en la ensalada.
7. El agua sale de la man_ra.
8. El _tito dice «miau, miau».
9. El bombero apa_ el fuego.

Los bomberos

Durante un incendio, hay mucho humo. El bombero no puede respirar el humo. Si lo inhala, les hace daño a los pulmones.

Y el aire está muy caliente. El aire caliente le quemará los pulmones. El bombero necesita los pulmones. Los necesita para respirar.

¿Y qué más necesita el bombero para respirar? Necesita oxígeno. Pero un fuego también necesita oxígeno. El fuego toma el oxígeno del aire.

Por eso el bombero lleva un tanque. El tanque tiene aire. El aire es puro. Tiene oxígeno. En la cara el bombero se pone una máscara. Hay un tubo del tanque a la máscara. El tubo lleva el aire del tanque a la máscara. Ahora el bombero puede respirar. Puede trabajar. Puede apagar el fuego.

Los bomberos trabajan juntos.

Sí o no.

1. Hay mucho humo en un incendio.
2. El fuego necesita oxígeno.
3. Es fácil respirar en un incendio.
4. El bombero lleva un tanque de humo.
5. El bombero inhala aire por una máscara.

Oraciones

Una oración nos puede dar poca o mucha *información*.   Lee las dos oraciones.

La niña come.
La niña come en la cocina.

¿Qué oración nos da más información?   ¿Por qué nos da más información?

Nos da más información porque nos dice donde come la niña.

Una oración nos puede decir *donde* tiene lugar la acción.

Completa las oraciones. Di dónde tiene lugar la acción.

1. Carlos juega _____.
2. Ellos compran comida _____.
3. Los niños estudian _____.
4. Ellos trabajan _____.
5. Los Gómez viven _____.

Lee las dos oraciones.

María va.

María va en carro.

¿Qué oración nos da más información? ¿Por qué nos da más información?

Nos da más información porque nos dice *como* va María.

Lee las siguientes oraciones. Contesta a las preguntas.

1. El perro corre de prisa. ¿Cómo corre el perro?
2. Carlos escribe bien. ¿Cómo escribe Carlos?
3. La señora anda a pie. ¿Cómo anda la señora?
4. La niña habla en voz alta. ¿Cómo habla la niña?

Lee las dos oraciones.

Carlos nada.

Carlos nada en el verano.

¿Qué oración nos da más información? ¿Por qué nos da más información?

Nos da más información porque nos dice *cuando* Carlos nada.

¿Cuáles son algunas palabras que nos dicen cuando una persona hace algo?

Completa las siguientes oraciones. Di cuándo la persona hace la acción.

1. Carlos nada _____.
2. María estudia _____.
3. Papá va de compras _____.
4. Los niños juegan _____.
5. Yo tomo el desayuno _____.
6. Yo voy a la escuela _____.

cerca

lejos

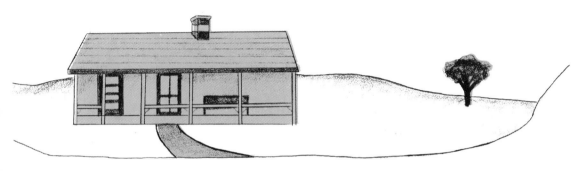

El árbol está lejos de la casa.

La tienda está cerca de la esquina.

Medios de transporte

los pies
la bicicleta
el carro, el auto, el coche

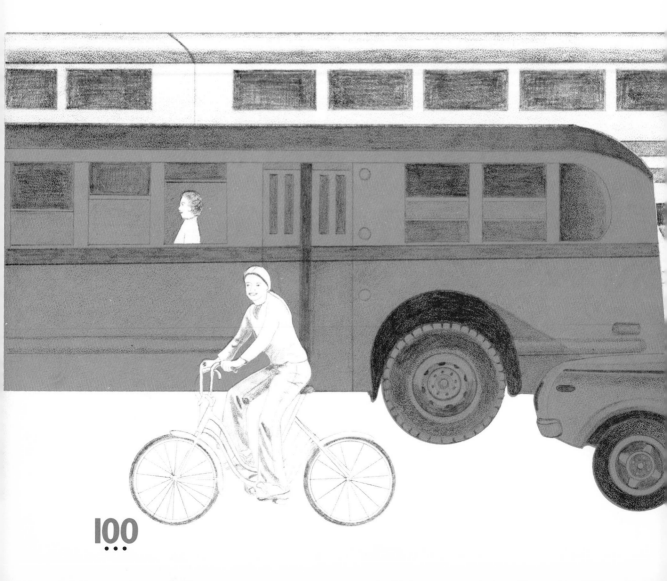

el camión, la guagua, el autobús
el camión
el tren
el avión
el barco

Viajes

La gente tiene que viajar. Hay viajes cortos. Hay viajes largos. ¿Cómo podemos hacer un viaje corto?

1. Podemos ir a pie.
2. Podemos ir en bicicleta.
3. Podemos ir en carro.
4. Podemos ir en camión o guagua.

¿Cómo podemos hacer un viaje largo?
1. Podemos ir en carro.
2. Podemos ir en tren.
3. Podemos ir en avión.
4. Podemos ir en barco.

¿Qué medio de transporte?

Tenemos que hacer un viaje. Hay varias maneras en que podemos hacer el viaje. Tenemos que escoger. Tenemos que escoger el *medio de transporte* que vamos a usar.

Mamá tiene que ir al supermercado. El supermercado no está muy lejos. Pero no está muy cerca. Mamá puede ir a pie. Pero es difícil volver a pie. Mamá tiene que traer muchos paquetes. Mamá puede ir en carro. En la ciudad es difícil aparcar el carro. Mamá puede ir también en camión (o en guagua). Mamá tiene que decidir. Tiene que escoger el medio de transporte que va a usar.

Ayuda a Mamá. Dile el medio de transporte que debe escoger. Dile por qué.

¿Qué medio de transporte usa la señora?

 # El tren

El tren es un medio de transporte importante. El tren lleva pasajeros. El tren lleva mercancías también.

El tren tiene muchos carros (coches, vagones). La locomotora tira de (arrastra) los carros. ¿Y quién maneja la locomotora? El maquinista.

El tren anda muy rápido. Anda sobre los rieles. Cuando pasa un tren oímos clac, clac. Es el ruido de las ruedas del tren sobre los rieles. Oímos también el pito. El maquinista suena el pito. Lo suena cuando el tren llega a un cruce de vía. Avisa a la gente que el tren avanza.

Escoge.

1. El tren anda sobre _____.
   a. el aire
   b. los rieles
   c. la calle

2. El maquinista suena _____ cuando llega a un cruce de vía.
   a. el pito
   b. la alarma
   c. clac

3. _____ tira del tren.
   a. El maquinista
   b. La locomotora
   c. El carro

El tren está en la estación.

👁️🗨️ En el aeropuerto

En el aeropuerto hay muchos aviones.
Los aviones son muy grandes. Llevan muchos
pasajeros. Llevan muchas mercancías
también.

Los aviones tienen grandes motores.
Tienen alas muy grandes también.

Un avión está en la pista. Va a despegar.
Va muy rápido. El aire debajo de las alas
levanta el avión. El avión sube y sube. Vuela
por el cielo encima de las nubes. El avión es
el medio de transporte más rápido.

    El piloto o la pilota maneja el avión. Pero,
¿quién dirige el tráfico de los aviones? Los
policías no dirigen el tráfico en el cielo.

    En los aeropuertos hay una torre. Las
personas que trabajan en la torre hablan con
los pilotos. Esta gente sabe donde está cada
avión. Ellos les dicen a los pilotos cuando
pueden bajar. Les dicen cuando pueden subir.
Les dicen también cuando pueden aterrizar.

Escoge.

1. El avión tiene _____.
   a. pies
   b. rieles
   c. alas

2. El avión vuela en _____.
   a. la calle
   b. el aire
   c. los rieles

3. El avión despega de _____.
   a. la calle
   b. las nubes
   c. la pista

4. El _____ maneja el avión.
   a. piloto
   b. maquinista
   c. policía

¿Ves la torre?

¡Qué avión más bonito!

 # Una cartera

La señora López es cartera. Ella se levanta muy temprano. Va en seguida al correo.

En el correo le dan muchas cartas. La señora López tiene que entregar las cartas. Ella sale del correo con un saco. El saco está lleno. Tiene muchas cartas. La señora López va de una casa a otra. En cada una deja el correo. Ella no puede perder nada. Muchas cartas son muy importantes. Ella tiene una gran responsabilidad. No puede perder una carta importante.

Mira cuánto trabajo se hace en el correo.

Contesta.
1. ¿Quién entrega cartas a la casa?
2. ¿Es cartera la señora López?
3. ¿Cuándo se levanta la señora López?
4. ¿Adónde va ella?
5. ¿Qué lleva ella en el saco?

Una carta

Yo soy una carta.
Tú me escribes.
Me pones en un sobre.
En el sobre pones un sello.
Escribes la dirección y la zona postal.
Luego me echas en el buzón.
Viene el cartero.
Él me quita del buzón.
Me pone en un saco.
Pone el saco en el camión.
Por fin yo llego al correo.
Me separan de las otras cartas.
Me ponen en otro saco.
Es el saco que va a la ciudad de tu amigo.
Durante toda la noche viajo.
Viajo en camión, en tren o en avión.
Por fin llego a otro correo.
Está en la ciudad de tu amigo.
Viene el cartero.
Me pone en su saco.
Me entrega a la casa de tu amigo.
¡Qué viaje más largo he hecho yo!

Sí o no.

1. Echas una carta en el buzón.
2. Pones una carta en un sobre.
3. Tienes que darle sellos al cartero.
4. Una carta viaja.
5. El cartero escribe las cartas.
6. Tienes que escribir la zona postal en los sellos.

⊙ Ortografía

ja   je   ji   jo   ju

naranja	frijol
jaula	jugar
caja	juguete
empuja	jugo
rojo	viaje
abajo	

Tomo jugo de naranja (china).
Juego con mis juguetes.
La caja está abajo.
La jaula está en el jardín zoológico.
El juguete de José está en el jardín.

Completa.

1. El señor empu_ el carrito.
2. Vamos a _gar en el parque.
3. Compra una lata de fri_les.
4. Él se llama _sé.
5. La señora traba_ en el correo.

Oraciones

Una pregunta es una oración también. Pero una pregunta no nos da información. Una pregunta pide información. Aquí tenemos dos preguntas.

¿Dónde corre el perro?
¿Cuándo nada Juan?

¿Empieza una pregunta con letra mayúscula? ¿Termina una pregunta con un punto? No, no termina con un punto. Delante de una pregunta tenemos que escribir ¿. Después de una pregunta tenemos que escribir ?. ¿ ? se llaman *puntos de interrogación.*

A. Escribe preguntas con ¿*dónde*?
1. Carlos juega en el parque.
2. Los niños estudian en la escuela.
3. Preparamos la comida en la cocina.
4. El lápiz está debajo de la mesa.
5. La gente espera en la acera.

B. Escribe preguntas con ¿*adónde*?
1. Los niños van a la escuela.
2. Mamá va al supermercado.
3. El perro va al parque.
4. La niña corre a la tienda.
5. La maestra va a la clase.

C. Escribe preguntas con ¿*cómo*?
1. El tren es rápido.
2. Marta va a pie.
3. La flor se ve bonita.
4. La mona es cómica.
5. El perro corre de prisa.

D. Escribe preguntas con ¿*cuándo*?
1. Yo me levanto a las siete.
2. Carlos juega los sábados.
3. La niña nada en el verano.
4. Llueve en abril.
5. Ellos comen a las seis.

¿Cómo sería la ciudad sin los basureros?

Los basureros

Los basureros tienen un trabajo importante. Los basureros andan por una ciudad o un pueblo. Ellos trabajan muy temprano por la mañana. Recogen toda la basura.

117

Sin la ayuda de los basureros, nuestras ciudades estarían muy sucias. Es importante que nuestras ciudades estén limpias. La basura ensucia las calles. Contamina el aire también. No queremos respirar aire sucio (contaminado).

Nosotros debemos ayudar mucho a los basureros. Es una responsabilidad. Los podemos ayudar todos los días. Vamos a discutir cómo.

Contesta.

1. Tienes una hoja de papel. No la necesitas. ¿Dónde vas a arrojar el papel?
2. Estás en un parque. Has tomado una botella de soda (gaseosa). ¿Qué vas a hacer con la botella?
3. Has tenido un picnic. Hay comida que sobra. ¿Qué vas a hacer con la comida?
4. Estás en el carro. Has comido una banana. ¿Qué vas a hacer con la piel de la banana?

Ortografía

ll

llamas
estrella
mantequilla
llega
lleva
llora
pasillo
lluvia

El supermercado tiene pasillos.
Compro mantequilla.
El tren llega.
La lluvia cae de las nubes.

Completa.
1. Comemos arroz con po__.
2. __ramos cuando estamos tristes.
3. Él se __ma José.
4. Hay fuego. Las __mas salen del techo.
5. Vamos a cruzar la ca__.
6. De noche veo una estre__ en el cielo.
7. Hay nubes en el cielo. Va a __ver.

Vocales y consonantes

Vamos a repetir.

a e i o u

Son cinco letras del alfabeto.   Estas cinco letras son *vocales*.

¿Cuáles son las otras letras del alfabeto?   Esas letras son *consonantes*.

El alfabeto tiene dos grupos de letras.   ¿Cuáles son estos dos grupos?

 # ¿Dónde aprendo?

Aprendo mucho. Aprendo todos los días. Aprendo durante toda la vida. ¿Cómo aprendo?

Aprendo mucho en la escuela. Aprendo a leer y a escribir. Aprendo como trabaja la gente en mi pueblo o en mi ciudad.

Pero no aprendo solamente en la escuela. Aprendo de mis padres. Aprendo de mis parientes. Mi tía me dice algo que yo no sabía. He aprendido algo nuevo.

Aprendo de mis amigos. A veces un amigo me dice algo que le ha dicho su padre o su madre. Luego yo también he aprendido algo nuevo. Puedo aprender mientras juego con mis amigos.

Yo veo (miro) la televisión. Hay algunos programas muy buenos. Yo puedo aprender mucho si veo (miro) la televisión.

Yo puedo leer el periódico. A veces hay palabras que yo no sé. Pero si miro el periódico, puedo aprender palabras nuevas.

Yo puedo escuchar la radio. Escuchando la radio, aprendo mucho también.

Contesta.

1. Dile a la maestra algo que te ha dicho un pariente. ¿Qué aprendiste?
2. ¿Cuáles son tus programas favoritos de televisión? Dile a la maestra algo que has aprendido en la televisión.
3. ¿Cuáles son los programas que tú escuchas en la radio?
4. ¿Has leído un periódico? ¿Qué periódico lees?

Una tempestad

Son las diez de la mañana. Por la tarde va a haber una tempestad en el pueblo. Casi todos saben que va a llegar la tempestad. No va a ser ninguna sorpresa. ¿Cómo lo saben? Todavía no ha llegado la tempestad.

El señor Torres lo sabe. El está manejando su camión. Está escuchando la radio. Y la señora Torres lo sabe también. ¿Está ella con el señor Torres? No, ella trabaja en el correo. Ella leyó lo de la tempestad en el periódico.

¿Cómo sabe la gente lo de la tempestad?

El señor Torres vuelve a casa. Ve a un vecino. Le dice: —¿Sabes que esta tarde va a haber una tempestad?

—Sí, lo sé. Estaba mirando la televisión. Llamé por teléfono a mi mujer (esposa). Ella va a volver a casa también.

La señora Torres vuelve a casa a pie. Camino de casa, ve a una amiga. Su amiga no sabe nada de la tempestad. La señora Torres le dice la hora que va a llegar. Su amiga también va a volver a casa.

A. Contesta.
1. ¿Qué va a llegar al pueblo?
2. ¿Cuándo va a llegar?
3. ¿Sabe la gente lo de la tempestad?
4. ¿Cómo lo sabe el señor Torres?
5. ¿Cómo lo sabe la señora Torres?
6. ¿Cómo lo sabe el vecino del señor Torres?
7. ¿Cómo lo sabe la mujer del vecino?
8. ¿Cómo lo sabe la amiga de la señora Torres?

B. La gente del pueblo supo algo.
1. ¿Qué supieron?
2. ¿Todos lo supieron de la misma manera?
3. ¿Cómo lo supieron?

2 3 4 5 6 7 8 9 10   VHVH   86 85 84 83 82 81 80 79 78